LES
CHEMINS DE FER AU SÉNÉGAL

ÉTUDE CRITIQUE

Du Projet de **Loi** présenté à la Chambre des Députés, le 5 février 1880,

par le Ministre de la Marine et des Colonies.

PARIS

SOCIÉTÉ ANONYME D'IMPRIMERIE ET LIBRAIRIE ADMINISTRATIVES ET DES CHEMINS DE FER

PAUL DUPONT, *Directeur*

41, RUE JEAN-JACQUES-ROUSSEAU (HÔTEL DES FERMES)

1880

LES

CHEMINS DE FER AU SÉNÉGAL

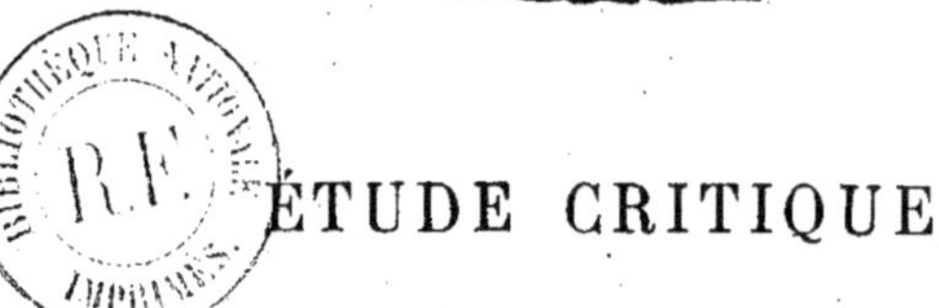

ÉTUDE CRITIQUE

**Du Projet de loi présenté à la Chambre des Députés, le 5 février 1880,
par le Ministre de la Marine et des Colonies.**

Le projet présenté par l'honorable Ministre de la marine a pour objet d'obtenir la déclaration d'utilité publique pour la construction *de Chemins de fer au Sénégal*, ainsi que les crédits nécessaires pour en commencer l'exécution. La dépense totale est évaluée à 120 millions.

Pour justifier l'utilité publique, l'exposé se borne à citer des extraits de rapports et délibérations sympatiques *aux études* à entreprendre pour résoudre, si possible, à notre profit, le problème de l'accès du bassin du Niger et des Etats du Soudan, mais qui ne touchent nullement à la question des voies et moyens à employer pour le solutionner ; et il est muet sur les avantages que l'exécution du projet doit procurer au pays.

Il y a certainement urgence à ce que la France prenne enfin part au mouvement qui entraîne toutes les peuples de l'Europe et des États-Unis d'Amérique vers le grand continent africain pour y chercher de nouveaux débouchés à leurs produits manufacturés ; les colonies qu'elle y possède, sur la côte occidentale, sont les clés naturelles d'immenses marchés dans l'intérieur où ses industries pourraient trouver un écoulement considérable de leurs articles ; mais pour réussir dans cette entreprise, il faut, au préalable, étudier les moyens d'y pénétrer et qu'ils soient, avant tout, de nature pacifique et bien appropriés aux exigences des milieux où ils devront être appliqués.

Le projet du Ministre de la marine ne nous offre donc pas la solution du problème ; il en est même l'opposé, car c'est la conquête de l'Afrique, par les armes, qu'il nous propose d'entreprendre, et les chemins de fer dont il demande la construction sont uniquement destinés à seconder l'action militaire dans la prise de possession des territoires indépendants qui séparent notre colonie du Niger. Au point de vue commercial, ces chemins de fer sont prématurés ; la direction donnée à leur tracé, de même que la situation économique de la colonie, ne peuvent justifier l'utilité de créer des moyens de transports aussi dispendieux, qui feront peser des charges fort lourdes sur le Trésor public, pendant de longues années. Pour qu'un outil soit utile, sa puissance et son coût doivent être proportionnés au travail qu'il doit effectuer, autrement son emploi est ruineux et doit être rejeté, et ce principe économique élémentaire est méconnu par le projet.

La question africaine étant posée, on ne peut s'étonner de voir des militaires choisir des moyens militaires pour étendre notre influence dans ces contrées nouvelles, leur éducation, les habitudes de leur esprit, ainsi que les traditions de leur arme, les y poussent irrésistiblement ; leurs intentions sont excellentes et inspirées par l'amour du pays : aussi n'est-ce pas parce qu'il a une origine et une portée militaires que je viens critiquer ce projet, mais uniquement parce que j'ai la conviction profonde que son exécution serait dangereuse et nuisible aux intérêts de notre cher pays.

Objections Générales.

L'idée d'établir des comptoirs fortifiés entre le Sénégal et le Niger est déjà ancienne. C'était pour la réaliser que le général Faidherbe envoyait, en 1863, MM. Mage et Quentin à Segou, pour demander l'autorisation nécessaire au Sultan Ahmadou ; mais après avoir été retenus deux ans dans une sorte de demi-captivité, ces deux officiers revinrent sans l'avoir obtenue.

Avons-nous aujourd'hui cette autorisation ? Les passages suivants de l'Exposé de motifs du projet, page 6, autorisent à en douter :

« La prise de possession de Bafoulabé, qui est aujourd'hui un fait accompli,
« n'a soulevé aucune protestation de la part des chefs indigènes, qui semblent
« au contraire tout disposés à accepter notre protectorat.....

« La situation est donc encore plus favorable qu'on ne l'avait espéré au
début..... »

Ce qui semble bien indiquer qu'on a agi sans accord préalable et par
surprise.

Les choses ont bien marché, mais en sera-t-il toujours ainsi ? Les chefs n'ont
pas protesté, ce qui pourrait fort bien s'expliquer par la surprise du premier
moment, mais ne prouve pas qu'ils ne le feront pas lorsqu'ils auront eu le
temps de se concerter ; ils semblent disposés, dit-on, à accepter notre protectorat, mais ce n'est qu'une appréciation et aucun ne s'y est encore soumis.

Or, si nous procédons ainsi, sans l'autorisation des chefs indigènes, nous
commettons un acte d'agression volontaire contre leurs droits de souveraineté;
nous leur déclarons la guerre et nous nous emparons de leurs territoires, uniquement parce que cela nous convient, que nous sommes forts et qu'ils sont
faibles. C'est une provocation bien caractérisée, qui autorise et justifie d'avance
toutes les représailles futures de ces chefs et des populations envahies. Est-ce
prudent et politique?

Le pays que l'on veut occuper a jadis fourni des armées de 30 à 40,000 hommes, et c'est avec une de ces armées qu'El-Hadji est venu faire le siège de Médine en 1857. Notre vaillante place a pu résister du 20 avril au 18 juillet, mais
elle n'avait plus, au moment de sa délivrance, ni vivres, ni munitions, et si, au
lieu d'avril, le siège eût commencé en janvier ou février, Médine eût infaillible-
ment succombé, malgré tout l'héroïsme de ses défenseurs; car c'est seulement
la crue habituelle du fleuve, qui commence à la fin de juin, qui a permis au
général Faidherbe de la secourir en temps utile.

Les six postes projetés pour défendre la ligne ferrée du Niger seront plus
exposés encore que ne l'était Médine, car ils doivent être espacés sur une ligne
de 520 kilomètres de longueur à partir de Médine, qui est elle-même à 580
kilomètres de Saint-Louis. Ils seront, il est vrai, reliés par la voie ferrée, mais
cette voie peut être parfaitement détruite et les laisser absolument isolés de
tout secours pendant les six mois que dure la saison sèche. Il sera donc indispensable de les pourvoir d'approvisionnements suffisants et de garnisons assez
fortes pour assurer leur résistance, malgré l'affaiblissement probable des effec-
tifs par les maladies régnantes de la contrée, ce qui ne peut manquer d'imposer des charges assez lourdes au Trésor public.

Maintenant, si les chefs indigènes mécontents ne se sentent pas assez forts pour nous attaquer, il leur suffira de fermer leur pays pour stériliser complètement notre entreprise, et rien ne prouve qu'ils ne le feront pas, au contraire. Sans rappeler tous les obstacles opposés aux voyageurs qui ont visité ces contrées, citons seulement les plus récents : M. Mage ne put jamais obtenir de dépasser Sansandig, et dernièrement encore, M. Soleillet se vit également refuser le passage au delà de Ségou. Nos commerçants seront-ils plus heureux, et, s'ils sont l'objet d'une interdiction semblable, irons-nous contraindre les chefs de l'intérieur à nous ouvrir leurs marchés ?

Les embarcations indigènes sont insuffisantes pour alimenter un trafic important ; fort mal construites, elles ne peuvent transporter de marchandises sans avaries, il faut les vider constamment et les échouer le soir pour qu'elles ne coulent pas pendant la nuit ; elles ne peuvent résister aux vagues qu'une forte brise détermine sur le fleuve et doivent se jeter à la rive, à chaque tornade, ou coulent immédiatement si elles se laissent surprendre. Il faut peu compter sur l'initiative des indigènes pour réformer leurs canots, et l'on sera inévitablement obligé de construire un matériel fluvial pour alimenter la ligne ferrée ; c'est donc une dépense qu'il faut prévoir et ajouter au devis général du projet.

Pendant les six mois de saison sèche, la navigation du Niger n'est possible que pour des embarcations d'un très faible tonnage ; tous les transports sont faits par les Somonos, corporations de pêcheurs qui ont chacune le privilège d'exploiter une section déterminée du fleuve ; il faut changer d'équipage à chaque village, négocier à chaque fois les prix, ce qui fait perdre un temps considérable, et on ne marche pas la nuit. Il est impossible d'effectuer des transports sérieux avec de pareilles entraves. Mais les Somonos renonceront-ils à leurs coutumes et à leurs privilèges ? Cela sera très long à obtenir, dans tous les cas. Laisseront-ils passer des embarcations montées par des équipages étrangers ? Cela n'est pas certain, et il faut s'attendre à rencontrer de grandes difficultés pour y parvenir. Enfin, si nos embarcations sont attaquées et pillées, cela ne nous obligera-t-il pas, pour protéger le parcours du fleuve, à y entretenir des embarcations de guerre et à construire des postes fortifiés sur ses rives ?

Et où trouverons-nous des produits à exporter ? Il n'y en a pas. Nous devrons les demander à l'agriculture et aux mines ; mais on ne cultive encore que pour les besoins locaux, et il est à peu près impossible de développer une production agricole de quelque importance dans des contrées aussi troublées, où les razzias sont en quelque sorte journalières et détruisent tout : récoltes, villages et habitants ; la paresse ou le défaut d'habitude et le manque de sécurité s'y opposent absolument. Quant aux mines, et aux mines d'or principalement, les tribus qui les possèdent en tirent leur existence et n'admettront pas facilement le partage de l'exploitation. Les y contraindra-t-on par la force ?

Quant à présent donc, les éléments de trafic font défaut pour alimenter la ligne ferrée ; il faut les créer et développer principalement la culture de ceux dont l'exportation est possible, malgré les frais de transport élevés qu'ils auront à supporter.

Le pays est certainement très fertile, et produirait beaucoup s'il était cultivé ; mais pour que les grandes cultures soient possibles, il faudrait assurer la sécurité. Il faudrait créer et organiser les transports fluviaux et nécessairement les protéger, ainsi que nos négociants, contre les exactions et les pillages, ce qui nous conduirait forcément à étendre chaque jour notre action militaire plus au loin et finalement à occuper toute la contrée. La construction du chemin de fer du Niger nous engagerait donc dans une voie très dangereuse, dont il est indispensable de bien peser les conséquences, avant de rien commencer.

La guerre des Zoulous a coûté cher à l'Angleterre. Et qui pourrait affirmer que le pays est à jamais pacifié ? Il ne s'agissait pourtant que de quelques milliers de nègres fétichistes, tandis que nous projetons de nous enfoncer dans une contrée musulmane, habitée par 100 millions d'individus, où un illuminé quelconque peut à chaque instant provoquer une explosion fanatique contre les Keffirs (chrétiens) et proclamer la guerre sainte pour nous expulser ! Rappelons-nous ce que la conquête de l'Algérie nous a coûté de sang et d'argent, et nous devons encore aujourd'hui y entretenir une armée de 50,000 hommes pour maintenir seulement les 2,400,000 Arabes qui s'y trouvent. A quel chiffre faudrait-il donc porter l'armée nécessaire à contenir les populations du Soudan, et quelle serait la mortalité de cette armée dans ces contrées insalubres ?

Une telle entreprise affaiblirait la France sans lui procurer aucun avantage ; le jour où elle aurait besoin de toutes ses forces, ses ennemis pourraient lui créer d'immenses difficultés dans ces milieux barbares que nous ne connaissons encore que par les récits de quelques rares voyageurs, tout à fait insuffisants pour nous permettre de prévoir tous les dangers et toutes les surprises désagréables qu'on peut y rencontrer. La conquête de l'intérieur de l'Afrique par la force des armes ne doit pas même être essayée ; son climat et le nombre de ses habitants sont des obstacles naturels qui exigeraient des sacrifices immenses d'hommes et d'argent pour les surmonter, et la colonisation blanche y étant impossible. Le seul résultat qu'on en pourrait espérer, serait d'assujettir quelques millions de nègres ignorants et superstitieux, qu'il faudrait maintenir par la force pendant de longues années.

Examinons maintenant les résultats économiques que l'exécution du projet militaire proposé pourrait avoir pour la France, et voyons si leur importance compenserait les éventualités redoutables qu'elle devrait affronter.

La question n'ayant pas besoin d'être serrée de trop près, j'admets les éventualités les plus larges dans cette étude et je n'emploie que des chiffres officiels afin d'écarter toutes les contestations sur les détails.

Valeur commerciale des Lignes projetées.

Le projet comprend trois lignes ferrées.

La première, qui a pour but de relier Saint-Louis à Dakar, n'a pas de trafic assuré sur son parcours ; le mouvement des marchandises entre les deux villes est peu important et le cabotage sera toujours plus économique pour l'effectuer qu'un chemin de fer de 260 kilomètres. La majeure partie des produits qui arrivent à Dakar proviennent ou s'écoulent par Rufisque et les autres points situés au sud sur la côte. Le commerce de Rufisque se fait avec les caravanes qui viennent de l'intérieur en suivant des routes tout à fait en dehors du champ d'attraction du chemin de fer proposé et n'ont rien à redouter de la concurrence de ce dernier. Il n'y a donc pas, quant à présent, d'éléments de trafic appréciables pour substenter cette ligne.

La seconde, part de Saint-Louis et se dirige sur Médine en suivant, à distance très rapprochée, le cours du Sénégal. Tous les produits de la contrée sont actuellement absorbés par la navigation du fleuve, et comme il n'est pas possible d'empêcher les 150 à 200 navires qui le remontent tous les ans de continuer à y venir trafiquer, ni de déplacer les marchés de traites pour les gommes et les arachides qui y sont établis et auxquels les indigènes sont habitués depuis longues années, le chemin de fer sera complètement impuissant contre cette concurrence fluviale. Il ne sera maître du terrain que pendant la saison sèche ; mais c'est précisément l'époque où les indigènes s'occupent de mettre leurs terres en culture et où ils ne se déplacent pas pour commercer. Les éléments indispensables au trafic de cette ligne sont donc entièrement à créer et la concurrence du fleuve lui sera toujours fort préjudiciable en raison de l'économie considérable qu'elle offre pour le transport des produits.

Quant à la troisième, qui a pour objet de relier notre colonie au Niger, il n'y a pas encore de relations commerciales établies qu'elle puisse absorber ; tous les éléments de son trafic sont également à créer, et ce que j'ai dit plus haut de la contrée qu'elle doit traverser, autorise à croire qu'il s'écoulera bien des années avant qu'elle puisse donner des résultats satisfaisants. J'ajouterai, pour appuyer cette prévision, que le plus grand marché du Soudan, au dire des voyageurs, est Kano, dans le Haoussa, et que l'on estime à 20,000 le nombre des chameaux qui y viennent tous les ans ; doublons ce chiffre, la charge d'un chameau étant au plus de 4 cantars ou 200 kilog., cela ne donnerait encore que 8,000 tonnes.

Mais Kano est trop éloigné du chemin projeté pour que nous puissions prendre une part quelconque aux échanges qui s'y traitent, et dans la contrée qu'il peut utilement desservir, il n'existe aucun marché de cette importance. Les caravanes maures qui viennent de l'Adrar ou par Araouan sont obligées de séjourner plusieurs mois pour écouler quelques centaines de tonnes, et les Diulas, colporteurs qui vont à la côte et parcourent le pays en tous sens, fussent-ils 100,000, ce qui est loin d'être établi, et portassent-ils chacun 100 kilogrammes, que cela ne donnerait encore que 10,000 tonnes pour le mouvement commercial général du pays. Et puis, comment l'exploitation du chemin de fer pourra-t-elle se faire dans une contrée où il n'existe pas de monnaies légales ? Avec les Européens et les gens de la côte, on pourrait toujours s'arranger ; mais s'ils ne sont pas assez nombreux pour alimenter la ligne, comment les indigènes pourront-ils l'utiliser pour envoyer leurs produits aux marchés de la côte ou même pour voyager ? Acceptera-t-on qu'ils paient avec des cotonnades du pays, du sel, ou des cauris dont il faut 1,000 pour faire 3 francs environ, c'est-à-dire avec des marchandises dont la valeur change à chaque instant et qu'il faudrait toujours réaliser sur place ? Si oui, les fonctionnaires de la ligne devront alors s'adonner à la troque et l'Etat se faire commerçant. Quant à faire accepter nos monnaies d'or et d'argent par les indigènes, ce sera fort difficile et très long, principalement pour leur en faire admettre la valeur légale. L'argent n'a pas de valeur fixe pour eux, c'est une marchandise comme une autre, que l'on achète quand elle plaît et qu'on refuse quand on n'en a pas besoin ; la valeur de l'or est un peu plus régulière, on le pèse avec des noyaux de tamarin, mais elle est encore assez variable et toujours au-dessous de celle que nous lui attribuons. Suivant les lieux et les circonstances, l'or vaut 2 fr. 90, 2 fr. 50 et quelquefois même descend à 2 francs le gramme ; notre pièce d'or de 20 francs qui pèse 6 gr. 45 pourrait donc perdre 6.50 — 19.35 et jusqu'à 35.50 0/0, étant prise au poids, et il est certain que les indigènes ne voudront pas l'accepter autrement: Ce serait ruineux.

L'établissement d'un chemin de fer, dans une contrée aussi peu avancée, est vraiment prématuré : tout est à faire, à créer, à organiser, aussi bien la production que le commerce qui doit l'absorber ; il faut changer les coutumes, modifier les mœurs, faire accepter nos usages, civiliser en un mot les habitants, pour que la ligne puisse couvrir ses dépenses, et de pareilles transformations sociales ne peuvent s'accomplir qu'en un temps fort long, dont il est impossible de prévoir la durée.

Pour que les lignes projetées fussent utiles au développement du commerce, il eût fallu, au lieu de leur faire suivre un tracé parallèle aux routes d'eau desservies déjà par la navigation côtière et fluviale, les diriger vers l'intérieur, à travers les contrées qui ne communiquent encore avec la côte qu'au moyen des caravanes, comme par exemple : de Rufisque à Keniéba, ou de Kaolakh à Keniéba ; cette dernière surtout aurait pu détourner, à notre profit, une partie notable du trafic de la Gambie. Avec les directions qui leur sont données, ces lignes n'ont qu'une valeur purement militaire, elles passent à proximité des divers postes fortifiés qui se trouvent sur la côte, entre Dakar et Saint-Louis, et sur le Sénégal, entre Saint-Louis et Médine, et peuvent être fort utiles pour les ravitailler ou les défendre ; **mais leur construction ne correspond à aucun besoin commercial immédiat.**

<hr>

Importance du trafic à développer.

Dans une brochure parue en 1863, où il exposait un projet d'organisation de l'agriculture au Sénégal par l'administration militaire, M. le capitaine du génie H. Poulain, ex-chef du génie de Gorée, s'exprimait ainsi au sujet de la construction de chemins de fer dans la colonie :

« Page 66 : Si, d'un autre côté, on considère la nature du sol qui est plat, on « reconnaît que lorsqu'il est d'argile, comme dans les Sérères, la voie est toute « faite, et que, lorsqu'on suit les plages ou bien les endroits à sable mobile,

« on aura des difficultés énormes à vaincre. D'ailleurs, *il ne faut pas songer*
« *aux empierrements faute de pierres.* »

« Page 67 : ..... Mais ces rails, avec leurs traverses, seraient soumis à
« *l'action dévorante des termites.* Il faudrait employer *le ronier* et j'ai indi-
« qué plus haut à quel prix il revient (*de 7 fr. 50 à 8 fr. la bûche d'un*
« *mètre de longueur et de 0ᵐ30 de diamètre*). Les bois d'Amérique n'af-
« fluent pas, d'ailleurs, en rade de Gorée et *ne résisteraient pas aux insectes.*»

« Tout projet de chemin de fer comporterait une acquisition excessivement
« onéreuse de matériaux et des difficultés d'opérations et de manœuvres
« qu'on ne pourrait réaliser sans sacrifier bien des gens au climat.

« Tout projet d'établissement de voies ferrées devra comporter un état
« estimatif, consciencieux et éclairé, qui fera reculer, je crois, devant les
« avantages qu'il y aurait à réunir deux points, quels qu'ils soient, situés
« seulement à quelques kilomètres, comme Rufisque et Dakar. On devra
« prévoir en outre la dépense d'entretien et de réparation et les déblaiements
« à faire quand des sables, soulevés par le vent, viendront sur la voie. »

Je dois croire qu'il a été tenu compte de toutes les difficultés signalées
par le capitaine Poulain dans l'établissement du coût kilométrique des chemins
projetés et qu'il ne sera pas dépassé dans l'exécution des travaux.

J'estime que les frais d'exploitation des lignes exigeront une dépense
uniforme de 5,000 fr. par kilomètre, quoique la traction soit rendue très
coûteuse par la nécessité de remorquer, à vide, un matériel considérable. En
effet, le tonneau d'importation correspond à 3 tonneaux d'exportation environ,
et cette proportion augmente généralement avec l'éloignement de la côte, en
raison des frais de transport que les produits ont à supporter et de la différence de leur valeur, qui varie selon les lieux ; elle peut atteindre 4 et même
5 et 6 tonneaux pour un, de sorte que les trains, toujours pleins quand ils
se dirigeront vers la mer, n'auront plus que le 1/3, le 1/4, le 1/5ᵉ ou même
le 1/6ᵉ de leur chargement pour remonter vers l'intérieur.

Pour l'intérêt des capitaux garanti par l'Etat, je prends le taux à 5 % et à
3.3668 % pour ceux qu'il doit employer à la ligne du Niger qu'il se charge
de construire.

Sur ces données, l'exploitation des lignes projetées coûterait :

	Coût d'établissement.	Frais d'exploitation et intérêts.	Dépenses Annuelles.	Par kil.
1° Dakar à St-Louis. Devis.	16.234.400	260 k. $\times$ 5.000 = 1.300.000		
Impr.	2.226.300			
Ensemble.	18.460.700	intérêts à 5 0/0 = 923.035	= 2.223.035	8.550
2° St-Louis à Médine. Devis.	41.644.000	580 k. $\times$ 5.000 = 2 900.000		
Impr.	5.711.500			
Ensemble.	47.355 500	intérêts à 5 0/0 = 2.367.775	= 5.267.775	9.082
3° Médine au Niger. Devis complet. moins 1 million pour l'amélior. du fleuve.	53.183.800	520 k. $\times$ 5.000 = 2.600.000 int. à 3.3668 % = 1.790.592	= 4.390.592	8.443
		Total. . .	11.881.402	

Les dépenses d'entretien des 6 postes fortifiés et de leurs garnisons ne sont pas comprises dans cès chiffres; pas plus que celles du contrôle et de la surveillance de l'Etat sur les lignes concédées à des Compagnies particulières.

Pour arriver à déterminer le tonnage nécessaire à couvrir ces dépenses et quoique les gros poids proviennent en grande partie de l'agriculture, dont les produits ne peuvent supporter qu'un tarif très bas, j'établis une moyenne entre sept prix différents : 0 10, 0 15, 0 20, 0 25, 0 30, 0 35 et 0 40, la tonne kilométrique, et j'obtiens :

	Dakar à St-Louis.	Saint-Louis à Médine.	Médine au Niger.
Tonnage par kil. de parcours.	41.965 t.	41.575 t.	41.439 t.
Nombre de tonnes kilométriques .	260 k. 10.910.900 t. k.	580 k. 25.853.500 t. k.	520 k. 21.548.280 t. k.
Tonnage nécessaire, le parcours moyen étant égal aux 2/3 du parcours total	173 k. 63.070 t.	387 k. 66.805 t.	347 k. 62.090 t.

La construction des lignes n'ayant pas pour but d'absorber un mouvement commercial établi, il est fort difficile de prévoir comment le tonnage se développera sur chacune d'elles; on ne peut avoir recours qu'à des estimations arbitraires pour en donner une idée approximative, et je choisis celles qui me paraissent les plus favorables au projet étudié.

Je suppose donc que le tonnage et les recettes croîtront, chaque année, dans les proportions suivantes :

	Tonnage.	Pr. de la t.	Recette totale.
Ligne de Médine au Niger.	1.000 t. d'elle-même.	70.71	70.710
Ligne de St-Louis à Médine.	1.000 t. du Niger.		
	500 t. d'elle-même.		
	500 t. de Dakar.		
Total.	2.000 t.	79.80	159.600
Ligne de Dakar à St-Louis.	2.000 t. des précédentes.		
	500 t. d'elle-même.		
Total.	2.500 t.	35.55	88.921

Sur ces bases, les lignes arriveraient à couvrir leurs dépenses :

$$\text{La ligne du Niger.} \quad \frac{62.090 \text{ t.}}{1.000 \text{ t.}} = \text{en 62 ans.}$$

$$\text{La ligne de Médine.} \quad \frac{66.805 \text{ t.}}{2.000 \text{ t.}} = \text{en 33 ans.}$$

$$\text{La ligne de Dakar.} \quad \frac{63.070 \text{ t.}}{2.500 \text{ t.}} = \text{en 25 ans.}$$

En attendant, la différence entre les recettes et les dépenses annuelles donnerait une perte sur l'exploitation, de :

Pour la ligne du Niger 134.120.174
—   de Médine 84.299.975
—   de Dakar 26.676.550

245.096.699

Si nous y ajoutons:

1° Le coût de construction que le projet évalue à. 120.000.000

2° Le matériel indispensable à la navigation sur le Niger. . 10.000.000

3° Les routes d'accès qu'il faudra bien faire, car il n'en existe pas, et des chemins, atteignant 1,360 kilomètres de longueur, ne peuvent certainement pas s'en passer 20.000.000

4° Le coût d'entretien des postes fortifiés et de leurs garnisons   mémoire

5° Les avaries, les destructions causées aux lignes par les accidents, les maraudeurs, les révoltes et les guerres . . . .   —

6° Les dépenses du contrôle et de la surveillance des lignes .   —

7° Les postes fortifiés qu'il faudra probablement ajouter et toutes les dépenses occasionnées par l'extension progressive de l'occupation militaire et les répressions . . . .   —

C'est un capital de 395.000.000

qu'il faut employer, au minimum, dans cette entreprise, sur lequel 245 millions au moins, soit 62 0/0, seront entièrement perdus.

La situation économique de notre colonie peut-elle autoriser et justifier de tels sacrifices? C'est ce que j'examinerai plus loin; mais avant je dois faire le contrôle du développement du trafic que j'ai supposé ci-dessus, en appliquant la valeur moyenne des produits aux calculs, ce qui nous donnera l'importance de l'augmentation du mouvement commercial correspondant qu'il faudra développer.

Le tonnage des navires français, entrées et sorties réunies, a été en moyenne, de 1872 à 1877, de 71,204 tonneaux. Je prends le chiffre le plus élevé de la période considérée, 90,000 tonneaux, comme étant le plus avantageux pour le projet étudié et j'admets que la moitié, soit 45,000 tonneaux, représente le tonnage chargé à la sortie. Pour le chiffre des entrées, 1 tonneau d'importation équivaut à 3 tonneaux d'exportation; je l'évalue donc, d'après cette base, à 15,000 tonneaux.

En 1877, selon les chiffres fournis par l'Administration, le commerce général de la colonie avec la France s'est élevé à 11,200,000 francs pour l'exportation et à 14,300,000 francs pour l'importation. Le coût moyen d'une tonne d'échange, à la sortie, s'établit donc ainsi:

$$\text{Exportation} - \frac{11.200.000}{45.000 \text{ T.}} = 249 - \text{ci} - 249$$

$$\text{Importation} - \frac{14.300.000}{15.000 \text{ T.}} = 953 - \text{dont le } 1/3 = 317$$

Valeur moyenne de la tonne d'échange à la sortie 566

L'augmentation du mouvement commercial nécessaire à couvrir les dépenses des lignes projetées, devra donc être de :

		Par an		Au total
Sur la ligne du Niger = 1.000 T. $\times$ 566 =	566.000 $\times$ 62 =	35.092.000
— de Médine = 500 T. $\times$ 566 =	283.000 $\times$ 33 =	9.339.000
— de Dakar = 1.000 T. $\times$ 566 =	566.000 $\times$ 25 =	14.150.000

Ensemble 58.581.000

Soit un accroissement général annuel de :

>•1.415.000 pour les 25 premières années.
>849.000 de la 25ᵉ à la 33ᵉ année, et
>566.000 de la 33ᵉ à la 62ᵉ année.

Ce qui démontre que mes évaluations sont plutôt au-dessus qu'au-dessous des probabilités commerciales possibles dans les contrées traversées par les lignes.

Le commerce général actuel, y compris celui que la Colonie fait directement avec l'étranger, donne un chiffre de 32,841,660 francs, importations et exportations réunies; il devrait donc augmenter de 178 0/0 pour que les dépenses des lignes projetées fussent couvertes, ce qui porterait le mouvement commercial à 91,422,660 francs.

Si l'accroissement devait être fourni par le commerce français seul, qui n'entre que pour 16,100,000 francs dans le chiffre du commerce général actuel, il faudrait qu'il augmentât de 363.8 0/0 et le mouvement commercial atteindrait 74,681,000 francs.

Les précédents n'autorisent pas à espérer un mouvement ascensionnel plus rapide que celui que j'indique, ainsi qu'on pourra s'en convaincre ci-après.

Valeur commerciale de la Colonie pour la France.

Les renseignements, publiés par l'Administration nous indiquent que le mouvement commercial de la colonie s'est élevé, pendant les années suivantes, à :

	1872.	1873.	1874.	1875.	1876.	1877.
Commerce général :						
Exportations du Sénégal en France .	10.9	10.9	11.7	9.7	9.3	10.8 millions.
Importations de France au Sénégal. .	17.5	11.6	10.8	11.8	12.2	14.3 —
Totaux	28.4	22.5	22.5	21.5	21.5	25.1 millions.
Commerce spécial :						
Exportations du Sénégal en France. .	10.8	10.7	11.6	9.6	, 9.2	11.2 millions.
Importations de France au Sénégal .	6.4	4.7	4.6	4.8	4.9	4.9 —
Totaux	17.2	15.4	16.2	14.4	14.1	16.1 millions.

Il ressort de l'examen de ces chiffres :

1° Que le mouvement commercial de la colonie avec la France est stationnaire ;

2° Que les chiffres des importations du commerce général dépassent considérablement ceux du commerce spécial (9.4 contre 4.9) et qu'ils progressent, tandis que les derniers restent stationnaires, ce qui indique que le commerce sénégalais donne la préférence aux articles étrangers et qu'il délaisse les produits français ;

3° Que l'exportation figurant pour les mêmes chiffres, au commerce général et au commerce spécial, on en peut conclure que le commerce sénégalais ne prend pas la France pour intermédiaire de l'écoulement des produits indigènes à l'étranger.

Le mouvement commercial direct avec l'étranger ne nous a été fourni par l'administration que pour l'année 1875 ; pour 1876, on n'a donné que celui de Saint-Louis, et depuis, ces renseignements ont cessé d'être publiés.

Voici les chiffres de 1875 et 1876 :

	1875.	1876	Augmentation en 1876.
Importations de l'étranger :			
Pour Saint-Louis.	1.767.071	3.596.639	1.829.568 ou 103.52 0/0
Pour Gorée	3.778.271	pas renseigné	»	»
Total. . . .	5.545.342		
Exportations à l'étranger :			
De Saint-Louis	17.916	24.079	6.163 ou 34.39 0/0
De Gorée	2.178.402	pas renseigné	»	»
Totaux . . .	2.196.318		

Constatons tout d'abord que le commerce étranger importe directement 3,349,024 fr. de plus qu'il n'exporte, soit 60.39 0/0. Il exploite donc la colonie sans réciprocité, puisqu'il ne contribue que très faiblement à l'écoulement de ses produits, et la contre-partie de ses importations n'étant pas fournie par ses exportations, il l'appauvrit.

Maintenant, si nous réunissons les chiffres du commerce général et ceux du commerce direct avec l'étranger, pour les comparer avec ceux du commerce spécial, nous trouvons :

	Importa-tions.	Exporta-tions.	Mouvement total du commerce
Commerce général	14.300.000	11.200.000	25.500.000
Commerce direct étranger.	5.545.342	2.196.318	7.741.660
Totaux	19.845.342	13.396.318	32.841.660
Moins : Commerce spécial avec la France. . .	4.900.000	11.200.000	16.100.000
Reste pour les produits étrangers	14.945.342	2.196.318	16.741.660

La part des produits étrangers dans le commerce de la colonie est donc de :

75.30 0/0 à l'importation et seulement 16.40 0/0 à l'exportation.
La France n'a que 24.70 0/0 — et absorbe 83.60 0/0 —

L'écart au profit de l'étranger est énorme et s'augmente tous les ans par l'effet logique des causes que nous étudierons plus loin.

Depuis l'année 1874, les importations françaises oscillent entre 4,600,000 et 4,900,000. Voici les articles qui les composent :

Produits alimentaires :

	1874.	1875.	1876.	1877.
Eaux-de-vie et liqueurs	388.000	690.000	634.000	282.000
Vins	519.000	491.000	602.000	698.000
Céréales	113.000	336.000	309.000	178.000
Riz	189.000	278.000	217.000	214.000
Pain et biscuit de mer	135.000	83.000	130.000	96.000
Sucre raffiné	119.000	63.000	69.000	115.000
Viandes salées	48.000	63.000	68.000	51.000
Sirops, confitures et bonbons	52.000	48.000	49.000	55.000
	1.563.000	2.052.000	2.098.000	1.689.000

Produits manufacturés :

	1874.	1875.	1876.	1877.
Tissus de lin et de chanvre	355.000	417.000	299.000	412.000
— de coton	516.000	293.000	246.000	221.000
— de laine	46.000	45.000	51.000	»
Habillements	227.000	216.000	151.000	126.000
Ouvrages en peaux	176.000	140.000	101.000	83.000
Armes	40.000	91.000	6.000	6.000
Savons ordinaires	110.000	85.000	100.000	650.000
Mercerie	52.000	62.000	70.000	73.000
Poteries, verres et cristaux	40.000	51.000	40.000	50.000
Fils de toutes sortes	43.000	41.000	109.000	36.000
Outils et ouvrages en métaux	172.000	»	196.000	290.000
Cordages	108.000	74.000	103.000	76.000
Matériaux, bois commun	80.000	197.000	140.000	121.000
Couleurs	53.000	44.000	»	»
Autres articles	1.048.000	961.000	1.059.000	1.020.000
	3.066.000	2.717.000	2.671.000	3.164.000

Les produits alimentaires varient peu et correspondent, pour la plupart, aux besoins de consommation de nos nationaux, qui n'adoptent pas la façon de vivre indigène.

Pour les produits manufacturés, le total de 1877 est plus élevé que celui de 1874 ; mais, pour avoir des chiffres comparables, il faut retirer :

1° 550.000 fr., sur les savons, pour une opération extraordinaire, en dehors du mouvement normal ;

2° 100.000   sur les ouvrages en métaux, pour le même motif.

soit   650.000 fr., ce qui laisse, entre 1874 et 1877, une perte de 552,000 fr. d'importations, soit 18.03 0/0.

Les articles qui perdent d'une façon continue tous les ans, sont :

1° Les eaux-de-vie et liqueurs qui, en 4 ans, ont perdu 106.000, soit 27.32   0/0
2° Les tissus de coton   —   295.000,   — 57.17   0/0
3° Les habillements   —   101.000,   — 44.49   0/0
4° Les ouvrages en peau   —   93.000,   — 52.83   0/0
5° Les armes   —   36.000,   — 90.   0/0
6° Les tissus de laine   —   disparus   — 100   0/0
7° Les couleurs   —   —   — 100   0/0

Or, ce sont précisément les articles sur lesquels s'exerce le plus facilement la concurrence anglaise, et on ne peut nier qu'elle y réussit.

Tous les autres articles sont stationnaires, avec une tendance à faiblir, sauf la mercerie qui, seule, progresse quelque peu. **Telle est la situation.**

Voyons maintenant l'exportation.

	1874	1875	1876	1877
Arachides et noix de Touloucouma . .	7.532.000	6.533.000	5.205.000	6.172.000
Gommes	3.505.000	1.704.000	3.245.000	3.401.000
Peaux brutes	295.000	357.000	493.000	211.000
Millet	»	175.000	»	»
Bois de teinture.	»	38.000	»	103.000
Plumes de parure	89.000	36.000	35.000	»
Cire	8.000	29.000	6.000	3.000
Dents d'éléphant	36.000	20.000	28.000	438.000
Caoutchouc et Gutta-Percha.	»	14.000	14.000	52.000
Graines oléagineuses	75.000	»	88.000	»
Autres articles	52.000	719.000	92.000	295.000
Totaux	11.592.000	9.625.000	9.206.000	10.675.000

Ainsi, sur 10,675,000 fr. d'exportations en 1877, les arachides et les gommes entrent pour 9,573,000 fr., soit 89.67 0/0 ; les peaux, bois de teinture, cire, ivoire, caoutchouc, donnent ensemble 807,000 fr., chiffre insignifiant dont il conviendrait encore de déduire 400,000 fr. sur l'ivoire, dont le chiffre est anormal cette année ; et les autres articles, soit 295,000 fr., complètent le total.

On ne peut augmenter à volonté les exportations des produits naturels ; il faut que les gommiers existent pour fournir des gommes, et il en est de même pour les peaux, l'ivoire et le caoutchouc ; la cire s'exporte de moins en moins, et il est impossible de prévoir quelle influence les chemins de fer pourraient avoir sur l'accroissement de production de ces divers articles.

Les produits cultivés sont donc les seuls sur lesquels on puisse faire fond sérieusement pour alimenter le trafic ; mais en dehors des arachides, nous ne voyons aucun autre produit cultivé, à moins que les 295,000 francs, qui représentent les *autres articles,* ne proviennent des cultures, et ce chiffre est bien insignifiant. Le millet paraît ne pas avoir réussi à l'exportation et est abandonné ; les graines oléagineuses sont intermittentes, et cependant nous en importons pour plus de 100 millions chaque année en France ; si on n'en fait pas, c'est qu'on s'occupe fort peu de cultiver au Sénégal, et que si l'on a, parfois, fait grand bruit de quelques tentatives heureuses, elles sont restées localisées, et n'ont eu aucune importance au point de vue de l'exportation. Les nègres seuls cultivent sur une grande échelle, mais ils ne produisent que l'arachide, et si on en faisait 125,000 à 150,000 tonnes de plus chaque année, pour alimenter les chemins de fer projetés, en trouverait-on le placement et à quel prix ?

Notre colonie du Sénégal n'a donc qu'une valeur commerciale insignifiante pour la France. D'une part, les produits alimentaires que nous y importons pourraient parfaitement s'écouler sans son concours, et son marché, qui ne nous offre qu'un débouché de 2,500,000 francs pour nos produits fabriqués, tend chaque jour à les délaisser, pour porter ses préférences et son activité sur les articles étrangers ; d'autre part, les 9 à 10 millions d'arachides et de gommes que nous en tirons ne sont pas des produits spéciaux au Sénégal ; d'autres contrées pourraient nous les fournir, et la preuve, c'est qu'ils n'entrent que comme appoint dans nos importations de ces articles, qui varient de 34 à 40 millions pour les arachides et de 6 à 10 millions pour les gommes. **La colonie n'est donc pas indispensable à nos approvisionnements et le peu d'importance des débouchés qu'elle nous procure donne la mesure de l'intérêt qu'elle présente pour nos industries.**

Des mesures nécessaires.

La question spéciale qui fait l'objet de ce mémoire ne me permet pas d'entrer dans tous les développements nécessaires ; mais mon étude ne serait pas complète si je me bornais à constater seulement l'état des choses dans la colonie, et je crois indispensable d'exposer, au moins sommairement, les causes qui ont produit la situation économique déplorable où se trouve le Sénégal et les moyens d'y remédier.

La cause originelle du mal, celle qui a engendré toutes les autres, c'est le système d'administration auquel nous avons jusqu'alors soumis nos colonies. La question, du reste, est à l'ordre du jour, il n'est donc pas utile de la discuter ici, mais il importe de rappeler combien il est urgent de lui donner une prompte solution.

Il faut donner des lois de liberté à nos colonies pour y rappeler l'émigration dont le régime autocratique et arbitraire a depuis longtemps paralysé l'expansion ; mais ce qui est peut-être plus indispensable encore, c'est de les doter d'un personnel qui leur soit propre, qui les connaisse, qui étudie avec soin leurs besoins, les améliorations qu'elles réclament, d'une façon permanente et suivie, ce qui ne peut être obtenu qu'en faisant des fonctions et emplois coloniaux une carrière spéciale et complète comme les autres, et en créant un ministère des Colonies. Aucun résultat sérieux ne peut être réalisé, tant que les emplois coloniaux seront occupés par des titulaires temporaires détachés des autres services de l'Etat. Quand le fonctionnaire prend possession de son poste, il ne sait rien ou a peu près rien des choses coloniales, et au moment où il commence à pouvoir être utile, son temps de service colonial est expiré et il s'en va.

Cette instabilité du personnel oppose un obstacle insurmontable au développement économique de nos colonies, qui devraient, avec un autre système, être une source inépuisable de richesse et de puissance pour la France ; toutes les questions qui s'y rapportent sont traitées sans suite et résolues selon les idées du moment, et le présent mémoire démontre combien les plus graves peuvent être insuffisamment étudiées. Avec un ministère et un personnel spécial l'objection du séjour prolongé sous un climat débilitant ou malsain pourrait être facilement résolue en faisant alterner le service actif aux colonies avec le service dans les bureaux, et l'Administration, n'étant plus composée que d'hommes possédant les connaissances théoriques et pratiques indispensables pour bien étudier et juger les questions coloniales, intéressés à leur trouver les solutions les plus avantageuses pour mériter leur avancement, et se sentant responsables, les fautes ou les erreurs du passé ne pourraient plus se renouveler et nous ferions enfin entrer nos colonies dans une ère nouvelle où elles pourraient progresser et prospérer.

N'est-ce pas le défaut d'étude qui a conduit à accorder la liberté du commerce au Sénégal, laquelle devait naturellement produire les résultats économiques que nous avons constatés ? En principe, la liberté commerciale a pour but de protéger le consommateur contre l'exploitation abusive du producteur ; mais si son application est utile dans nos sociétés civilisées, où l'industrie a atteint d'immenses développements, elle ne pouvait se justifier par aucune raison au Sénégal. Là, le producteur et le consommateur sont un seul et même homme : c'est le nègre ; sa production ne se consomme pas sur place, elle est exportée, et le consommateur en Europe avait dans la concurrence des autres pays producteurs, une protection suffisante ; la mesure ne lui apportait aucun avantage nouveau ; c'était donc seulement *le consommateur nègre que l'on voulait soustraire à l'exploitation abusive des producteurs français;* mais comme toutes les opérations avec les noirs se font par des intermédiaires, ce sont ces derniers seuls qui devaient et qui ont, en effet, profité de la liberté commerciale octroyée. Le prix des produits coloniaux n'a pas diminué pour ceux qui les consomment en Europe, et les indigènes n'ont pas reçu de plus fortes quantités de marchandises pour les livrer ; mais le commerce a pu obtenir la monnaie qu'il emploie aux échanges à plus bas prix et augmenter ainsi ses bénéfices. L'industrie française a donc été sacrifiée uniquement pour fournir *aux intermédiares* les moyens de s'enrichir plus promptement et sans tenir compte des effets désastreux, pour notre influence, que l'envahissement de nos marchés par les produits étrangers peut produire dans l'avenir.

Les produits français ne peuvent lutter avec la concurrence étrangère au Sénégal, pas plus que sur tout autre point de la côte occidentale d'Afrique, et tous les comptoirs que nous y possédons sont forcément obligés d'opérer avec l'Angleterre. Nous n'avons aucune ligne maritime pour desservir ces comptoirs, alors que les Anglais en ont trois qui touchent tous les ports de la côte quatre et cinq fois par mois à l'aller et autant au retour; à Gorée même, il arrive chaque mois 3 vapeurs de Liverpool et 1 de Londres, tandis que nos Messageries n'y touchent que deux fois, et c'est le seul port de la côte d'Afrique qu'elles desservent.

Or, les Messageries ont leur point de départ à Bordeaux, et tous les articles que nous importons au Sénégal, sauf les vins, se fabriquent dans le Nord de la France, en Normandie ou dans le rayon de Paris et doivent supporter un transport très coûteux pour chercher l'embarquement, ce qui en élève le prix et contribue à en arrêter l'écoulement. Le commerce direct avec la France n'est plus possible que pour les grandes maisons, qui opèrent avec des navires leur appartenant, et encore ces grandes maisons ne peuvent plus résister au courant et sont entraînées à tirer aussi leurs marchandises d'échange de l'étranger, pour résister à la concurrence. Avec les lignes anglaises, cette concurrence devient chaque jour plus difficile à soutenir, il ne faut plus de grands capitaux comme autrefois pour entreprendre le commerce à la côte, le mouvement d'échange est régularisé, et le même capital, pouvant servir à des opérations plusieurs fois répétées dans le cours d'une année, le bénéfice à réaliser sur chacune d'elles peut être abaissé en proportion. Les Anglais suivent le progrès, tandis que nous sommes encore organisés, comme il y a trois cents ans, pour faire le commerce à la côte.

Le seul moyen qui puisse permettre à nos industries de se maintenir sur les marchés de l'Afrique, c'est d'imiter les Anglais et d'avoir, comme eux, des lignes de steamers desservant régulièrement tous les ports de la côte. L'entreprise sera évidemment fort difficile, et les concurrences existantes, la rendront certainement coûteuse; mais si nous reculons, nous aurons bientôt perdu tous les marchés de l'Afrique occidentale, et il sera parfaitement inutile que nous cherchions à pénétrer plus avant dans l'intérieur du continent, car nous n'en pourrions tirer aucun profit ; nous aurions toutes les charges, tous les risques à courir, et tout le bénéfice serait pour l'étranger.

Avec des lignes mettant nos quatre grands ports de commerce en communication régulière avec la côte occidentale, nos industries pourraient choisir la voie la plus courte vers l'embarquement : les produits du Nord, de la Normandie et du rayon de Paris, par le Havre ; ceux du Centre et de l'Ouest, par Nantes et Bordeaux ; ceux du bassin du Rhône et du Midi, par Marseille ; la situation serait déjà améliorée, en attendant l'achèvement des grands travaux publics projetés ; les comptoirs français existants, pourraient renouer des relations directes avec la France, et il deviendrait possible d'en créer de nouveaux sur tous les points. C'est une question de vie ou de mort pour l'écoulement des produits fabriqués français en Afrique, et qui peut également exercer une influence décisive sur la part que nous pourrons prendre dans l'exploitation de ce grand continent.

Conclusions.

Je n'ai que peu de chose à ajouter pour compléter les conclusions déjà formulées à chacun des chapitres de cette étude.

Les colonies doivent être considérées comme des prolongements de la France ; ce sont des terres françaises, et l'industrie nationale devrait y jouir des mêmes avantages et de la même protection que dans la mère-patrie. En accordant le libre-échange au Sénégal, on a méconnu ce droit, on a créé une sorte d'autonomie partielle qui ne s'applique qu'au commerce et ne profite qu'à certains intérêts particuliers, auxquels l'intérêt général et national a été sacrifié.

La construction des chemins de fer projetés aurait pour effet d'aggraver la faute commise. Ce serait livrer, non pas seulement le marché colonial, mais aussi tout le bassin du Niger, *dont nous possédons seuls la clef*, à l'invasion des produits étrangers et en proscrire les nôtres. Je ne sais s'il serait possible de supprimer le libre-échange si légèrement décrété, mais il est certain que rien ne nous oblige à ouvrir les marchés de l'intérieur de l'Afrique à la concurrence du monde en nous imposant d'énormes sacrifices d'argent et d'hommes et pour n'obtenir en compensation que le stérile honneur d'y voir flotter notre drapeau et d'en avoir la garde. Alors que tous les peuples s'imposent des sacrifices pour pénétrer sur le continent africain, **nous devons garder ce que nous possédons et prendre nos intérêts pour seuls guides de nos actions.**

L'Etat ne peut prendre à sa charge que des dépenses d'intérêt public et les chemins de fer du Sénégal n'ont pas ce caractère. A qui doivent-ils profiter ? Un peu à la défense militaire et beaucoup au commerce colonial. Au point de vue de la défense militaire, la construction des lignes Saint-Louis-Dakar et St-Louis-Médine n'est pas indispensable, et la dépense serait certainement excessive pour un tel objet ; il n'y a pas urgence, en tous cas. Quant au commerce colonial, tel qu'il est organisé et fonctionne aujourd'hui, il ne représente que des intérêts privés. Il n'y a aucune différence entre le négociant qui trafique avec des produits étrangers au Sénégal ou à Sierra-Leone ; dans l'un et l'autre cas, c'est son intérêt personnel qui le guide, et lui seul en profite. Du moment qu'il adopte pour son commerce les articles de fabrication étrangère, qu'il habite une terre française ou anglaise, il se met au service d'intérêts étrangers et n'a plus rien de français que le nom. On ne peut donc demander aux contribuables, en France, de s'imposer de lourds sacrifices **pour enrichir l'étranger et l'aider à chasser les produits nationaux de nos propres marchès.**

Le recensement de la population, effectué en 1877, indique 197,331 habitants, pour le Sénégal et ses dépendances, mais il ne donne pas le nombre des Français compris dans ce chiffre. Les indigènes ne sont pas Français ni même assimilés, ils nous sont seulement soumis et rançonneraient et peut-être pilleraient nos comptoirs sans vergogne, si nous venions à retirer nos troupes de la colonie. Quant aux habitants d'origine française, ils sont au nombre de 7 à 800 tout au plus; mais en admettant même qu'ils soient 1,000, la construction des chemins de fer devant entraîner une dépense générale d'au moins 400 millions, chaque Français au Sénégal nous coûterait 400,000 francs, ce qui serait assurément une libéralité excessive, même s'ils nous prêtaient un concours utile, et, à plus forte raison, devons-nous en repousser l'idée, lorsque nous les voyons rompre les liens de solidarité nationale, exploiter la colonie au profit exclusif de leurs intérêts, et nous dépouiller de ce marché qui, pendant longtemps, a coûté tant de sacrifices au pays pour le défendre et le conserver.

Avant d'entreprendre des travaux publics dispendieux au Sénégal, avec l'argent de la France, il faut d'abord restituer aux intérêts français la prépondérance qui leur appartient de droit, dans la colonie.

Avant de songer à pénétrer dans le bassin du Niger, il faut étudier et trouver les moyens d'y développer la production agricole, moyens que nous ne possédons pas encore, l'état de l'agriculture au Sénégal suffit à le démontrer. C'est à la science que nous devons demander la conquête de l'Afrique, car elle seule peut nous l'assurer.

Et en attendant que ces questions soient résolues, la prudence conseille de s'abstenir de toutes mesures hâtives qui pourraient gêner ou compromettre l'avenir.

H. LE MERRE.

Février 1880.

Paris. — Société anonyme d'Imprimerie. — PAUL DUPONT, Dr. 673.3.80

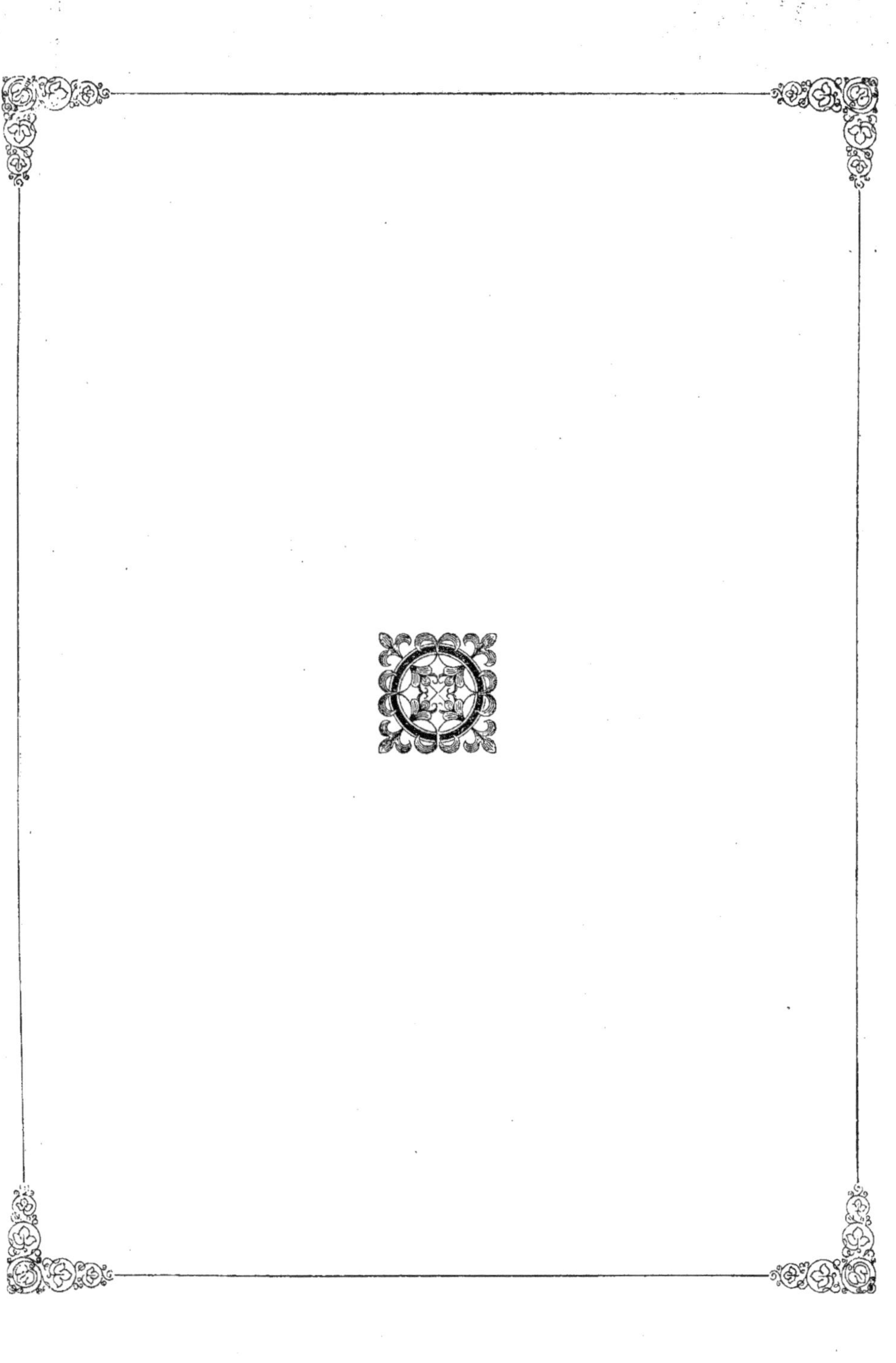